Date: 2/24/15

SP J BIO NERUDA
Lázaro León, Georgina,
Conoce a Pablo Neruda =
Get to know Pablo Neruda /

PALM BEACH COUNTY
LIBRARY SYSTEM
3650 SUMMIT BLVD.
WEST PALM BEACH, FL 33406

∾ Personajes del Mundo Hispánico ∾

∾ Historical Figures of the Hispanic World ∾

Conoce a • Get to Know

Pablo Neruda

Georgina Lázaro León

Ilustraciones • Illustrations
Valeria Cis

Traducción • Translation
Joe Hayes & Sharon Franco

ALFAGUARA

A Beto, *mi padrinito,*
que aún conserva su
alma de niño

2

For Beto, my godfather,
who still possesses
the soul of a child

3

Cuentan de un señor
que, sin ser mayor
(veintipocos años,
si es que no me engaño),
ya era un escritor
y hasta embajador
de Chile en Colombo.
¡Cuánto honor! ¡Qué bombo!

Residía en Ceilán
sin ningún afán,
una isla situada
allá por Bengala,
en cierto lugar
cerquita del mar:
aguas cristalinas,
música marina,
algas, caracoles,
peces de colores,
el fuerte oleaje…
¡Qué bello paisaje!

4

I'll tell you a story in rhyme
about a young man in his prime
(twenty-some years old,
or so I've been told).
As a writer he excelled,
and as an ambassador as well,
representing Chile, his land,
in far-off Colombo, how grand!
What an honor for that young man!

In Ceylon he stayed.
An easy life he made
on this island near Bengal.
It was a place by the sea
with water clear as could be,
with the music of the ocean,
bright-colored fish in motion,
shells and seaweed, too,
and white-capped waves—
what a beautiful view!

Todas las mañanas,
desde su ventana,
al desayunar
veía desfilar
muchos elefantes,
lentos y elegantes,
que se iban a dar
su baño de mar.

Luego, el pobre Pablo,
ese de quien hablo,
contemplaba el viento
con aburrimiento,
pues entre papeles,
cenas y cocteles,
citas, protocolo,
se sentía muy solo.

At his breakfast every day
through his window, coming his way,
he saw a line of elephants,
single file, slow and elegant,
ambling down to the shore,
to bathe in the sea once more.

Then poor Pablo, the young man in this story,
watched the breeze blow and felt sorry.
With all the papers, parties, and dinners,
protocol and fancy manners,
he had no life of his own,
and he felt so alone!

7

Estaba tan triste
(no es cosa de chiste)
que para animarse
solía sentarse
larguísimos ratos,
el gran literato,
a escribir poemas
de distintos temas...

la madera, el río,
la uva, el rocío,
la lluvia, los trenes,
raíces, andenes,
las olas, la arena,
el gozo y la pena.
Así combatía
desde la poesía
el terrible hastío,
el duelo, el vacío,
de estar tan distante;
pesar de emigrante.

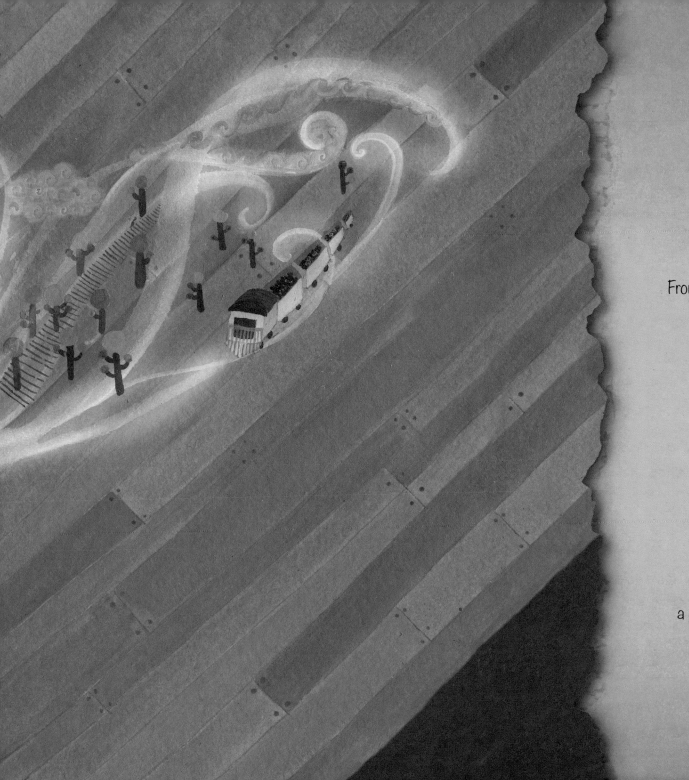

He felt so bad,
so lonely and sad,
that his only fun
was to sit himself down
with paper and pen
for hours on end.
From his great mind would spring
poems about many things.

Wood and rivers too,
the grapes and the dew,
roots and the rain,
platforms and trains,
sand and high waves,
pleasure and pain.
And in this way he fought,
with the poems that he wrote,
against the awful stress
of sorrow and emptiness,
of missing his distant home,
a grief all emigrants have known.

Hasta que un buen día,
para su alegría,
allá, por la costa,
halló una mangosta.
Era tan graciosa
que parecía hermosa
con su vestimenta
de sal y pimienta,
una miradita
casi dinamita,
y el gesto meloso,
un poco orgulloso.

Quedó tan prendado,
que, con mucho agrado,
nuestro buen amigo
le dio pan y abrigo.
La llevó a su casa
de riqueza escasa
y la hizo familia
llamándola Kiria.

And then one fine day,
to the sea he made his way.
As he walked down the coast,
a small animal approached:
a mongoose so cute
with her salt-and-pepper suit.
She moved with such grace,
such a beautiful face,
her little eyes bright
with sparks like dynamite.
Such a sweet look she bore,
standing proud on the shore.

Our friend was enchanted
and readily granted
her food and protection,
care and affection.
He carried her home,
simple place of his own.
"Kiria" he named her.
He adopted and tamed her.

11

Comía en su mesa
como una condesa.
Dormía en su cama
igual que una dama.
Y sobre sus hombros,
sin ningún asombro,
tomaba la siesta
y no había protesta.

Él la consentía.
Ella lo seguía
por toda la casa,
por calles y plazas.
Entre sus papeles,
libros y anaqueles
posaba sus patas
y hacía caminatas.

12

At his table she would eat,
like a countess so petite.
She would sleep in his bed
like a lady nobly bred.
Across his shoulders every day
for her siesta, there she lay.
And he really didn't care
if she took a nap up there.

He spoiled his little pet,
and she followed his every step,
through the house and all around,
down the streets and through the town.

Her little paws cut capers
through the books and the papers,
on the shelves and near his chair.
She went walking everywhere.

13

Era muy fogosa
y se hizo famosa
en la vecindad
por su agilidad
y su valentía.
Con gran osadía
cazaba serpientes,
por eso la gente
la solicitaba,
si alguna asomaba
su rostro salvaje
por entre el follaje.

Fue así que un buen día
con algarabía
todo el vecindario
buscó al dignatario.
Niños y mayores
de todos colores,
altos y bajitos,
feos y bonitos,
en gran procesión,
con mucha aprensión,
le solicitaron,
y hasta le rogaron,
que con Kiria fuera
en pos de una fiera;
que a un reptil atroz
cazara veloz.

14

She was fierce at biting
and famous for fighting,
so agile and brave,
the neighbors would rave.
With no sign of fear,
she killed snakes far and near.
"Help us!" they'd plead,
afraid and in need
if they saw in the plants
a snake's slithering advance.

Then one day it came about
that the neighbors cried out,
creating an uproar
in front of his door,
great big and little bitty ones,
handsome and pretty ones,
sick ones and hale ones,
dark ones and pale ones,
folks of all races
with fear in their faces.
Kiria was needed
and loudly they pleaded
for the little mongoose
to hunt a snake on the loose.
The reptilian threat
must be rapidly met.

15

Fueron todos juntos
derechito al punto.
Callados y en fila,
larga retahíla,
como en un desfile
los niños tamiles
y los cingaleses,
como tantas veces,
sin ningún calzado
y con taparrabos.

Pablo iba adelante
con su acompañante
guardada en sus brazos
casi en un abrazo.

With one steady pace
they marched to the place.
The long line they made
was like a parade:
little Tamil kids and Ceylonese,
walking through the trees.
In bare feet they paced
with just a cloth around the waist.

Pablo walked up in front,
carrying Kiria to the hunt,
hugging her tight,
as they went off to fight.

17

Al ver la serpiente
se sintió valiente
y se tiró al suelo
comenzando el duelo.
Los que la seguían
con algarabía
quedaron distantes,
casi vacilantes,
silenciosos, mudos,
la garganta un nudo.

Kiria avanzó lenta.
Olfateó tormenta.
La feroz serpiente
le enseñó los dientes.
Con su cuerpo entero
fue formando un cero
y con gran fiereza
alzó la cabeza.
La miró a los ojos
con ira y enojo.
Era una centella
la serpiente aquella.

When she saw the fierce snake
not a second did she take.
She jumped quickly down
to face the serpent on the ground.
And everyone in the crowd,
who had come along, so loud,
now stayed quiet and far away,
not knowing what to do or say.
They were speechless as they gazed
and they held their breath, amazed.

Kiria crept forward with care.
She sensed the danger there.
The ferocious serpent seethed
and bared its deadly teeth.
It writhed its body round
and coiled up on the ground.
And then with wrathful dread,
it raised its awful head.
It looked Kiria in the eye,
prepared to fight or die.
That speedy snake could lash
and strike out in a flash.

Mientras, avanzaba
la mangosta brava
se acercó a su boca;
por poco la toca,
y en aquel instante
dio un salto gigante.
Corre, vuela, pita.
"Patitas, patitas
para qué las quiero…"
Y con desafuero
emprendió carrera
por la carretera.
Dejó a sus amigos
con el enemigo,
incrédulos, quietos
y en un gran aprieto.

The brave mongoose stalked,
so stealthily she walked,
approaching the snake's mouth,
almost touching it with her snout.
Then just at that moment
she flew up like a comet,
running, flying, squealing,
her little feet revealing
just what they were for,
and she never stayed more,
but tried hard to fly away
on down the highway.
She left all her friends
unprotected in the end.
They were all shocked to find
themselves in such a bind.

Como acto final
cruzó el arrabal
y sin detenerse
corrió hasta esconderse
en el dormitorio,
bajo el escritorio.

Éste es el momento
de acabar el cuento.
Sin pena ni gloria
termina la historia.
En un solo día,
ésa es la ironía,
luego del litigio
se esfumó el prestigio
que en aquellas costas
Pablo y su mangosta
habían cultivado
con tanto cuidado.

And to finish her retreat,
Kiria raced on through the streets.
She hurried inside
and proceeded to hide,
as best she was able,
under the writing table.

And now it is time
to end this long rhyme.
Without shame or glory,
I'll finish the story
of how in one day
(things happen that way),
after the fight,
as though overnight,
they lost their good name,
the respect and the fame,
that Pablo and his pet
had managed to get
on that distant shore.
They were famous no more.

23

Fueron siempre amigos,
el mar es testigo.
Sin cazar serpientes
se quisieron siempre.
El embajador,
poeta, escritor,
después de aquel drama
ganó nueva fama.
No por su mascota,
tema de chacota,
ni por su osadía
en las cacerías,
sino porque Pablo,
ese de quien hablo,
por si alguien lo duda,
es Pablo Neruda.

Best friends they'd always be,
and their witness was the sea.
They went hunting snakes no more
but loved each other as before.
After that exciting day,
Pablo's fame grew in another way,
not for his pet's lack of fear,
which now made people jeer,
nor for protection of the town,
but as a writer of renown.
The man I speak of—(now you must know it)—
is Pablo Neruda, the world-famous poet.

25

Georgina
nos habla de
Pablo

Mucho tiempo después de los sucesos que se narran en este cuento, se encontraba Pablo Neruda frente al espejo, viéndose como se describió alguna vez: duro de nariz, mínimo de ojos, escaso de pelos, creciente de abdomen, largo de piernas, amarillo de tez... Sonreía mientras se abotonaba el cuello de la camisa. Esta noche se vestiría de frac.

"Si pudiera pintarme mis bigotitos con corcho quemado, como cuando me disfrazo en Isla Negra, todo sería perfecto", pensaba con cara de niño travieso.

El amigo de Kiria ya tenía sesenta y siete años. Además de cónsul en muchos lugares, había sido senador, embajador y Académico de la Lengua. Había escrito hasta esa fecha dos mil páginas de poesía. Sus obras se habían traducido a muchos idiomas. Había recibido una gran cantidad de premios. Había viajado por todo el mundo. Esa noche estaba en Estocolmo y se preparaba para recibir, de manos del rey de Suecia, tal vez el reconocimiento más importante de su carrera: el Premio Nobel de Literatura. Sin embargo, se sentía como en un reparto de premios escolares en Temuco, la pequeña ciudad de Chile, donde vivió de niño.

Y es que Pablo, ese de quien hablo, uno de los mejores poetas de la literatura universal, conservó dentro de sí su alma de niño. Le gustaban los caracoles, los volantines, los pájaros, los caballos de madera o de cartón, los mascarones, las botellas de diferentes formas, tamaños y colores (algunas con barcos adentro)... Coleccionaba objetos y libros como si fueran juguetes, con el propósito de entretenerse. Decía que el niño que no juega no es niño, y el hombre que no juega habrá perdido para siempre al niño que vivía en él y le hará mucha falta.

Nunca lo conocí, pero he leído sus libros y siento que lo conozco y es mi amigo. Supe de su experiencia con Kiria, su mangosta domesticada, porque él mismo la contó en un libro fascinante, *Confieso que he vivido*, donde habla de su vida como si fuera un largo cuento. Mientras lo leía, sentía que él me hablaba. Por eso digo que los libros son mágicos.

Georgina
Talks about
Pablo

A long time after the events described in this story, Pablo Neruda stood in front of the mirror, seeing himself, as he later described it, "with a hard nose, tiny eyes, thin hair, growing tummy, long legs, yellow complexion . . ." He smiled as he buttoned the collar of his shirt. That night he'd be dressed up in tails.

"If I could draw a mustache on myself with a burnt cork, the way I disguised myself on Isla Negra, everything would be perfect," he thought, with the look of a prankish child. Kiria's friend was now seventy-seven years old. Besides being a consul in many places, he had been a senator, ambassador, and a member of the Academy of Language. By that time he had written as many as 2,000 pages of poetry. His works had been translated into many languages. He had received a great many prizes. He had traveled the world over.

That night he was in Stockholm and was preparing to receive, from the hands of the king of Sweden, perhaps the most important award of his career: the Nobel Prize for Literature. In spite of this, he felt as though he were attending the awards assembly at the school in Temuco, the small city in Chile where he lived as a child.

That is because Pablo, the man I've been talking about, one of the greatest poets of universal literature, still possessed the soul of a child. He still liked snails, kites, birds, horses made of wood or cardboard, giant masks, and bottles of different shapes, sizes and colors (some with model ships inside). He collected objects and books as if they were toys, just for the fun of it. He said that the child who doesn't play isn't really a child, and the man who doesn't play must have lost forever the child who lived inside him—and he'd miss it dearly.

I never met him, but I've read his books and I feel as if I know him and he's my friend. I knew about his experience with Kiria, his pet mongoose, because he wrote about it in a fascinating book, *I Confess that I've Lived*, in which he speaks of his life as if it were a long story. As I read that book, I felt that he was talking to me. That's why I say that books are magical.

Glosario

aprensión: Miedo excesivo o recelo.

atroz: Feroz, salvaje.

bombo: Elogio exagerado con que se alaba a una persona o se anuncia algo.

chacota: Risa, burla.

cingalés: Persona natural de Ceilán.

Colombo: Capital de Ceilán, país que lleva hoy día el nombre de Sri Lanka.

dignatario: Persona que ocupa un cargo importante.

en pos: Detrás de, en busca de.

hastío: Sensación de disgusto o aburrimiento.

ironía: Burla o broma.

litigio: Pelea.

meloso: Dulce.

pesar: Sentimiento de dolor y pena.

prendado: Encantado.

protocolo: Conjunto de reglas o ceremonias establecidas para actos oficiales.

retahíla: Serie de cosas.

tamil: Miembro de uno de los pueblos que habitan Sri Lanka.

Glossary

ambassador: a diplomat who represents his country in another country

ambling: walking slowly

Bengal: a region of India

capers: playful movements

Ceylon: an island nation now called Sri Lanka

Colombo: capital of Ceylon

countess: a noble lady

hale: strong and healthy

jeer: to laugh at, make fun of

petite: small

prime: with full health and strength

seethe: to be filled with intense anger

stalk: to creep up on when hunting

stealthily: quietly and carefully

Tamil: a cultural group in Sri Lanka

wrathful: angry

writhed: twisted about

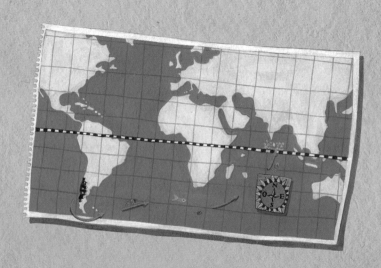

Georgina Lázaro León

Georgina Lázaro León nació en San Juan, Puerto Rico. Estudió para ser maestra y enseñó en varios niveles hasta que se convirtió en madre y decidió quedarse en casa con sus hijos. Entonces, comenzó a escribir para niños. Varias de sus poesías y nanas se han convertido en canciones. Ha recibido muchos premios y reconocimientos, entre los cuales se destaca una mención de honor del Premio Pura Belpré, en 2010.

Georgina Lázaro León was born in San Juan, Puerto Rico. She studied to be a teacher and taught at several different grades until she became a mother and decided to stay home with her children. Then she started to write for kids. Several of her poems and nursery rhymes have been made into songs. She has received many awards and honors. One of the most outstanding among them is an honorable mention for the Pura Belpré Award in 2010.

© This edition:
2014, Santillana USA Publishing Company, Inc.
2023 NW 84th Avenue
Doral, FL 33122, USA
www.santillanausa.com

Text © 2004, Georgina Lázaro León

Managing Editor: Isabel C. Mendoza
Art Director: Jacqueline Rivera
Design and Layout: Grafika LLC
Illustrator: Valeria Cis
Translators (Spanish to English): Joe Hayes and Sharon Franco

Alfaguara is part of the **Santillana Group**, with offices in the following countries:

ARGENTINA, BOLIVIA, BRAZIL, CHILE, COLOMBIA, COSTA RICA, DOMINICAN REPUBLIC, ECUADOR, EL SALVADOR, GUATEMALA, MEXICO, PANAMA, PARAGUAY, PERU, PORTUGAL, PUERTO RICO, SPAIN, UNITED STATES, URUGUAY, AND VENEZUELA

Conoce a Pablo Neruda / Get to Know Pablo Neruda
ISBN: 978-1-61435-347-8

All rights reserved. No part of this book may be reproduced, transmitted, broadcast or stored in an information retrieval system in any form or by any means, graphic, electronic or mechanical, including photocopying, taping and recording, without prior written permission from the publisher.

Published in the United States of América
Printed in China by Global Print Services, Inc.

20 19 18 17 16 15 14 13   1 2 3 4 5 6 7 8 9 10

PRISA EDICIONES